Culinary Poems   Poemas cocinados

Culinary Poems   Poemas cocinados

Ana Pascual Zurriaga

translation/traducción Rolando Pérez

coolgrovepress

coolgrovepress

Dedicación

Este libro se lo dedico a mis dos hijos Álvaro y Miguel que son el azúcar y la sal
de mi vida.

Dedication

I dedicate this book to my sons, Álvaro and Miguel, who are the sugar and salt
of my life.

Prologue

A first book is always an important event; as much for its author as for its readers. It is brought into existence after a very long time, and thus, what often appears as something wholly new to the reader, it is in fact a work that has been many years in the making. From where does a text emerge? Every reader wants to know. How is it that the word made its first appearance on the empty page—in that space of pure potentiality? In contrast to the Italian philosopher, Giorgio Agamben, who is interested in "the end of the poem," I, as a reader, am much more fascinated with the beginning of the poem. That is to say, at what moment did the author inscribe/write/paint the first word of the poem on the blank page, and why at that particular moment and not before or after? I believe that there resides the mystery of writing. Because we are incapable of imagining a world without sound, even the astronomers have given the name of "Big Bang" to the birth of "our" universe; what is in reality an impossibility, since there can be no sound in a vacuum. But human beings, regardless of whether they want to recognize it or not, are metaphorical and imaginative beings: creators of metaphors and images that give expression to the stars above and to everything that is within them.

In the case of our book, *Culinary Poems*, Ana Pascual Zurriaga presents us a small corner of that that marvelous universe made of words, metaphors, and images (linguistic and pictorial). The first poem I read by Ana Pascual Zurriaga was neither in a poetry anthology nor in any of those spaces consecrated by the official literary world, but rather in Facebook. I had no idea who she was: what books of poetry she had published (with what publisher?), whether she was associated with any group of poets, if she was a literature professor (where?), what awards she had won, etc. The only thing I knew is that we shared some "friends" on Facebook from the world of poetry: mostly from Spain, and in particular from Valencia; other than that, however, I could find nothing official about her. Little by little, as I came to know more about her through Facebook, I found out that she had not "officially" published anything, except for the poems she shared on Facebook, and that she did not belong to any literary group, and that she worked as a cook in her own bar in Valencia. This made me like her poetry even more, for I have always found the connection between writing and cooking of great import: beyond its metaphorical aspect. I think of the inextricable relation between the Japanese tea ceremony and the haiku—that complex simplicity that, as we will see later on, is to be found in Ana Pascual Zurriaga's poetry. I am also reminded of the Puerto Rican writer, Rosario Ferré, who in her essays *La cocina de la escritura* [The Cooking of Writing] writes: "I feel very grateful to *the word* [*la palabra*]. It is *she* that has made having my own identity possible, an identity that I owe to no one except my own efforts" (my translation, my emphasis). In *La cocina de la escritura* Ferré argues that in the beginning <u>was not</u> the copula (el Verbo) but rather the Word (la Palabra). The Word-Mother gave birth to the world. "The verb-father can be transitive or intransitive, present or preterit, but the word-mother never changes, never changes from one time to the other," declares Ferré. "We know that if we trust in her [la palabra], she will lead us by the hand so that we may find our way".

So it is. In *Culinary Poems*, Ana Pascual Zurriaga embarks on her own existential journey as a poet and as a woman poet: through the word and through her pictorial art (her watercolors and socarrats). The materiality of the plastic arts—the brick that is cooked to finalize the socarrat, the way food is cooked, reminds us of the natural elements, organic and inorganic, that are part of our humanity. Ana Pascual Zurriaga writes:

> Let the course
> of your river currents
> culminate in me.
> Like the delta
> I receive you,
> inundate
> this emptiness
> that cuts through my soul.
> Deposit
> life.
> Soak
> without reservations
> this badly treated
> earth.
> My shores
> need
> the tempest
> of your waters.

Here nature, the earth is inseparable form desire, from carnality like in Delmira Agustini and Gabriela Mistral. The badly treated earth desires to live and the body just as the earth demands the sustenance of water. Gaia, the Earth Mother connects with Eros, with everything that flows and vibrates. "Writing for me is a form of bodily knowledge, the irrefutable proof that my human form (individual and collective) exists, and at the same time it is an intellectual form of knowledge, the discovery of a form that precedes me," says Ferré (my translation); and the same can be said of Ana Pascual Zurriaga's poetry. For the Valencian poet, poetry represents a form of self-knowledge, an intellectual and corporal expression of self. Note here, for example:

> We could
> invent a constellation for ourselves
> and cushion the universe

to soften the blows,
drift indefinitely
and allow the sun
to stab our window.
We could
wait till spring,
cover all this emptiness
with the colors of confetti,
as though it were a miracle.

The carnal miracle
of life.

Eros is the power of creation through which the universe and the constellations come to be; and love is a force, as Antonio Machado would say of union and *amiable communion*. "Reason is not sufficient…to create human coexistence you also need amiable communion, a convergence of hearts in the object of love itself," writes Machado in *Juan de Mairena* (my translation). Without love or Eros, "the carnal miracle of life" does not exist. One of the most repeated words in *Culinary Poems* is the word "emptiness" and its variants. In fact, "Emptiness" one of the poems in the book, reads as follows:

I feel
that I'm getting lost
in this swarm
of profound agitation.

I slowly move about
among the currents.
I hear words
full of pollution.

I yearn for
the infinite calm of snow,

its biting cold
its peace,
its death.

I can hear
its inert silence.

Curiously the "emptiness" here is an inferno of words "full" of "agitation" and "pollution," while the poetic voice longs for the opposite: interior silence and tranquility. Alone and lost in the midst of the noise and the agitation, the only way out of the labyrinth of solitude, as Octavio Paz used to say, is through communication and the amorous relation, or the dialectical complicity of two beings:

You and I

I will not be
your rose, the one to move the winds,
the one to guide your life.
Neither your alpha
nor your omega.

I will be
your promised land
the one to halt your flight.

I will shelter your silences
heal your wounds.

I will not be
your rose, the one to move the winds.

The emptiness (of the page) is filled with simple, elemental words, the same way that our universe came to be in that first instant of the "Big Bang"' from which emerge two complimentary elements, you and I, and then everything else that constitutes the power of love in the cosmos. Machado gave the name of "fraternal monad" to this marvelous relation, where the human heart in its essence needs the other to complete it. "Because it is there, in the human heart, where one touches and experiences that other divine otherness…like the you of everyone, the object of an amorous communion…a You that is He," says Machado (my translation). Ana Pascual Zurriaga's poems, brief and seemingly simple, refer to the most profound and complex aspect of human beings: their spirit and their carnality. In short, her well-constructed *Culinary Poems* nurture like a good stew made of words, metaphors, and images, selected with love.

Rolando Pérez
October 14, 2020
Year of the pandemic

Prólogo

Un primer libro es siempre un acontecimiento importante; tanto para su autor(a) como para su público. Se le da a luz después de mucho tiempo, y por lo tanto lo que al lector le parece como algo nuevo, es en realidad un corpus que se ha estado trabajando años. ¿De dónde surge el poema o el texto? El lector desea saber: ¿Cómo es que apareció la palabra por primera vez en la hoja en blanco, en ese espacio de absoluta potencialidad? A diferencia del filósofo italiano, Giorgio Agamben, a quien le interesa "el final del poema", a mí como lector, me fascina mucho más el principio del poema. Es decir, ¿en qué momento la autora marcó/escribió/pintó en la hoja vacía la primera palabra del poema, y por qué en ese momento en particular, y no antes o después? Me imagino que ahí reside el misterio de la escritura. No somos capaces de imaginarnos un mundo sin sonido. Tanto es así, que aun los astrónomos le han dado el nombre de "Big Bang" al nacimiento de "nuestro" universo, lo que verdaderamente es una imposibilidad, ya que en el vacío no hay sonido. Pero el ser humano, quiera o no, es un ser metafórico e imaginativo: creador de metáforas e imágenes que expresan las estrellas en el firmamento y todo lo que llevamos por dentro.

En el caso de nuestro libro, *Poemas cocinados*, Ana Pascual Zurriaga, nos presenta un rinconcito de ese maravilloso universo hecho de palabras, metáforas e imágenes (lingüísticas y pictóricas). La primera vez que leí un poema de Ana Pascual Zurriaga no fue ni en una antología de poesía, ni en ninguno de esos espacios consagrados por el mundo literario oficial, sino en un poema publicado en Facebook. No sabía quién era: qué libros de poesía había publicado (¿con cuál editorial?); con qué grupo poético estaba asociada; si era profesora de literatura (¿dónde?), qué premios había ganado, etc. Compartíamos amistades en Facebook del mundo de la poesía, mayormente en España y en Valencia en particular, pero no encontraba nada oficial sobre ella. Poco a poco llegué a conocerla a través de Facebook y a enterarme de que no había publicado nada oficial, salvo los poemas que colgaba en Facebook, que no pertenecía a ningún grupo literario, y que trabajaba y trabaja de cocinera en su propio bar en Valencia. Todo esto hizo que me gustara aún más su poesía, ya que la conexión entre la escritura y la cocina siempre me ha parecido sumamente importante, más allá de su aspecto metafórico. Pienso en la entrañable relación entre las ceremonias de té japonesas y el género del haikú. Esa compleja sencillez que, como veremos más adelante, se encuentra en los poemas de Ana Pascual Zurriaga. Pienso también en la escritora puertorriqueña Rosario Ferré, y en su ensayo *"La cocina de la escritura"* donde ella escribe: "tengo mucho que agradecerle a la *palabra*. Es *ella* quien me ha hecho posible una identidad propia, que no le debo a nadie, sino a mi propio esfuerzo" (mi énfasis). En "La cocina de la escritura" Ferré arguye que en el principio <u>no fue</u> "el Verbo" sino la Palabra. La palabra-madre, le dio a nacer al mundo. "El verbo-padre puede ser transitivo o intransitivo, presente o pasado, pero la palabra-madre nunca cambia, nunca muda de tiempo", declara Ferré. "Sabemos que si confiamos en ella, nos tomará de la mano para que emprendamos nuestro propio camino".

Así es: en *Poemas cocinados*, Ana Pascual Zurriaga emprende su propio camino existencial como poeta y poeta-mujer mediante la palabra y su arte pictórico (sus acuarelas y socarrats). La materialidad de las artes plásticas—el ladrillo que se cocina para finalizar el socarrat, como se cocina la comida, nos recuerda los elementos naturales, orgánicos e inorgánicos que son parte de nuestra humanidad. Ana Pascual Zurriaga escribe:

Resuelve
en mi
tu cauce.
Como el delta
te recibo,
inunda
este vacío
que me surca el alma.
Deposita
la vida.
Remoja
sin reservas
esta tierra
maltratada.
Mis orillas
reclaman
la tempestad
de tu agua.

Aquí la naturaleza, la tierra es inseparable del deseo, de la carnalidad como en Delmira Agustini y Gabriela Mistral. La tierra maltratada, desea vivir, y el cuerpo al igual que la tierra reclama agua. Gaia, la Tierra Madre es inseparable de Eros, de todo lo que fluye y vibra. "Escribir es para mí un conocimiento corporal, la prueba irrefutable de que mi forma humana (individual y colectiva) existe, y a la vez un conocimiento intelectual, el descubrimiento de una forma que me precede," dice Ferré, y lo mismo se podría decir de la poesía de Ana Pascual Zurriaga. Para la poeta valenciana la poesía representa una forma de auto-conocimiento y expresión intelectual y corporal. Léase aquí, por ejemplo:

Podríamos
inventarnos una constelación
y acolchar el universo

para amortiguar los golpes,
gravitar indefinidamente
y dejar que el sol
apuñale nuestra ventana.
Podríamos
esperar la primavera,
cubrir todo este vacío
con confeti de colores,
como si fuera un milagro.

El milagro carnal
de la vida.

El Eros es la fuerza de la creación con la cual nace el universo, las constelaciones; y el amor es una fuerza, como diría Antonio Machado, de unión y *comunión cordial*. "[N]o basta la razón…para crear la convivencia humana; ésta precisa también la comunión cordial, una convergencia de corazones en un mismo objeto de amor", escribe Machado en *Juan de Mairena*. Sin amor o Eros, "el milagro carnal de la vida" no existe. Una de las palabras más repetidas en *Poemas cocinados* es la palabra "vacío" y sus variantes. De hecho, uno de sus poemas se titula "Vacío" y dice:

Siento
que me estoy extraviando,
en este hervidero
de profunda agitación.

Lentamente me desplazo
entre corrientes.
Escucho palabras
cargadas de polución.

Anhelo
la calma infinita de la nieve,

su frío mordaz,
su paz,
su muerte.

Puedo escuchar
su silencio inerte.

Curiosamente el "vacío" aquí es un infierno de palabras "cargadas" de "agitación" y "polución"; y la voz poética anhela lo contrario: el silencio interior y la calma. Sola y extraviada en medio del bullicio y la agitación, la única manera de salirse del laberinto de la soledad, como decía Octavio Paz, es a través de la comunicación y la relación amorosa—a través de la complicidad dialéctica de dos seres:

Tú y Yo

No seré
tu rosa de los vientos,
la que ponga rumbo a tu vida.
Ni tu alfa
ni tu omega.

Seré
tu tierra prometida,
la que detenga tu huida.

Albergaré tus silencios
sanaré tus heridas.

No seré
tu rosa de los vientos.

El vacío (de la página) se llena con palabras sencillas, palabras elementales, al igual que nuestro universo en ese primer instante del "Big Bang", de donde surgió dos elementos complementarios, tú y yo, y luego todo lo demás que constituye la fuerza del amor en el cosmos. A esta maravillosa relación Machado le dio el nombre de "mónada fraterna": el corazón humano que en su esencia necesita al otro para que lo complete. "Porque es allí, en el corazón del hombre, donde se toca y se padece otra otredad divina … como un tú de todos, objeto de comunión amorosa…un Tú que es Él", dice Machado. Los poemas de Ana Pascual Zurriaga, breves y aparentemente sencillos remiten a lo más profundo y complejo del ser humano: su espíritu y su carnalidad. Por ende, sus poemas bien trabajados o cocinados nutren como un buen cocido hecho de palabras, metáforas e imágenes escogidas con amor.

Rolando Pérez
14 de octubre de 2020
Año de la pandemia

A. Pasmok

Culinary Poems   Poemas cocinados

A veces la vida
adopta forma de poema,
un deseo sitiado
palabras suicidas
que se inmolan,
caracolas ensimismadas
que emulan el sonido del mar.
Tu nombre y el mío
extraviados entre balbuceos,
el dolor incrustado
en unos ojos rendidos.

A veces compartimos
espacios, ascensores
que acortan las distancias
entre dos desconocidos
incapaces
de desatar ayunos.

Sometimes life
takes the form of a poem,
a desire besieged,
suicidal words
that set themselves on fire,
spiral shells turn inward
that imitate the sound of the sea.
Your name and mine
lost among the stammering,
encrusted pain
in exhausted eyes.

Sometimes we share
spaces, elevators
that shorten the distances
between two strangers
incapable
of untying self-privations.

Cada vez
que te escribo
me araño.
Necesito
volcar palabras
tender puentes.
Me aproximo
a tu orilla,
dejo
que tus manos
me tienten.
Cada vez
que te escribo
te extraño.
Reclamo
poder verte.

Each time
I write to you
I scratch myself.
I need
to pour out words
lay out bridges.
I approach
your shore,
I allow
your hands
to tempt me.
Each time
I write to you
I miss you.
I demand
being able to see you.

Ahora
que conozco tus caminos,
me paseo descalza,
por la línea de tus besos.

Me imagino
fragmentada entre tus dedos
con una precisión digital
que desafía
toda la geometría fractal
del universo.

Me repito en escalas,
maleable e irregular
y me cuelgo de tu cuello
como un racimo de uva.

Tu alimento.

Now
that I know your paths,
I go about barefoot,
along the lines of your kisses.

I imagine myself
in fragments between your fingers
with a digital precision
that defies
the entire fractal geometry
of the universe.

I repeat myself in scales,
malleable and irregular
and I hang from your neck
like a cluster of grapes.

Your nourishment.

Si pudiera escoger,
me cosería a tu vientre,
me moriría en tu risa
y escucharía a oscuras
tus besos en mi frente.
Asumimos el fracaso
y dejamos escapar el presente.
Si pudiera escoger
pintaría de azul
todos los muebles,
abriría las ventanas
y plantaría
besos nuevos
en el césped.

If I could choose
I would sew myself to your belly,
I would die in your laughter
and I would hear in the dark
your kisses upon my forehead.
We accepted the failure
and allowed the present to escape.
If I could choose,
I would paint
all the furniture in blue,
I would open the windows
and plant
new kisses

on the grass.

Permanecías quieto,
alejado de mi ecuador.
Marcabas
mi solsticio de verano,
vertical
a las líneas imaginarias
de mi cuerpo.
Pero, cada amanecer
me da una nueva luz,
la filtro,
la encauzo
y la dosifico.

No soy tu satélite
pero te necesito

You used to remain still,
far from my equator.
You would often mark
my summer solstice,
vertically
to the imaginary lines
of my body.
But each sunrise
proffers me a new light,
I filter,
I channel
and I proportion it.

I am not your satellite
but I need you.

Dime
que no me partiré
aunque sea cierto,
que aguantaré
el peso de la derrota.

Asómate
al balcón de mis ojos
y verás la nada.

Dime
que no me partiré
aunque sea
cierto.

CERTAINTY

Tell me
that I will not break
even if it's true,
that I will bear
the weight of defeat.

Look out from
the balcony of my eyes
and you will see nothingness.

Tell me
that I will not break
even if
it's not true.

Ana Pascual
Zurriaga

Invado
tu atmósfera.
Como una Perseida
recorro
de norte a sur
tu firmamento.
Impacto de lleno,
me desintegro.
Emito mi luz,
cuanto más oscuro
más destello.
No tengo prisa
me engancho a tu noche,
concibo en mi ser
tus fragmentos.
Somos polvo de estrellas
por eso te deseo.

I invade
your atmosphere.
Like a Perseid
I traverse
your firmament
from north to south.
On full impact
I disintegrate.
I emit my light,
the darker it is
the more I twinkle.
I am in no hurry,
I hook up to your night,
I conceive your fragments
in my being
We are stardust
that's why I desire you.

Ana Pascual
Zurriaga

Desconocía
que la vida es
un gran almacén de pérdidas,
que todo lo que anhelamos
termina por desaparecer
que ha mermado el caudal
de nuestras emociones,
y nuestros acuíferos
se han convertido en fósiles.

Y tú todavía sigues en pie.

I didn't know
that life is
a great storehouse of loses,
that everything that we yearn for
ends up disappearing
that the flow of our emotions
has dwindled
and that our aquifers
have become fossilized.

And you are still there.

Desde mi ventana sin cristales
veo la boca del cielo,
hay una plaga de soledades en la ciudad.
En el contenedor de las palabras
se amontonan los poemas sin reciclar.
Ni siquiera te puedo recordar,
conservo el hilo de tu mirada
que secuestró mi mente,
y el olor de tu madera rota
que nos sirvió para calentar
los rincones de diciembre.

From my glassless window
I see the mouth of the sky,
there is a plague of solitudes in the city.
In a dumpster of words,
un-recycled poems pile up.
I can't even remember you,
I preserve the thread of your gaze
that seized my mind
and the smell of your cut wood
enabled us to warm up
the hidden corners of December.

Rapta
con un beso
todo mi alfabeto.
Entibia
con tu mano
el contorno de mi cuerpo.
Derrite
con tu boca
los glaciares de mi pecho.
Demora tu barca
en las aguas de mi vientre.

Ven, no huyas
si quieres
nos inmolamos a versos.

Tú me miras,
yo te verso.

Abduct
with a kiss
all of my alphabet.
Warm up
with your hand
the contours of my body.
Melt
with your mouth
the glaciers on my chest.
Delay your ship
on the waters of my womb.

Come, don't run
if you want to
we'll immolate ourselves with verses.

You look at me,
I versify you.

El Viaje

Dejo la puerta abierta
a esta alquimia interior
que me transmuta.

Tengo miedo,
miedo como el reptil
que abandona su piel
en tierra hostil
y avanza por el camino
sin reconocer sus huellas.

Miedo como el ave,
que en su primer vuelo
cae al suelo
pero no renuncia a volar.

Me enfrento
de nuevo a la vida,
con la desnudez del neonato.

Intuyo la senda
por la que transitaré
al otro lado.

THE VOYAGE

I leave the door open
to this interior alchemy
that transforms me.

I am afraid,
afraid like the reptile
that abandons its skin
in hostile territory
and advances along the way
without recognizing its footprints.

Afraid like the bird,
who on its first flight
falls to the ground
but doesn't give up flying

I confront
life anew
with the nakedness of the newborn

I imagine the path
that I will cross
to the other side.

En una habitación
de un hotel cualquiera,
la señora de la limpieza
recoge con el aspirador
los restos de un amor clandestino.
Cambia sus sábanas
y se lleva el sudor de sus espaldas.

En una habitación
de un hotel cualquiera,
la señora de la limpieza
imagina ser *Ella.*
Se mira en el espejo
se suelta el pelo
y desata su soledad.

En una habitación
de un hotel cualquiera,
la señora de la limpieza
cree ver el mar
donde sólo hay alquitrán.

En una habitación
de un hotel cualquiera,
la señora de la limpieza
olvida sus horquillas
en el suelo.

In a cheap,
hotel room somewhere
the cleaning woman
absorbs the remains of a secret love affair
into a vacuum.
Changes the sheets,
and walks out with the sweaty imprint of their
backs.

In a cheap,
hotel room somewhere
the cleaning woman
imagines herself being *Her*.
She looks at herself in the mirror,
lets her hair down
and unties her solitude.

In a cheap,
hotel room somewhere
the cleaning woman
thinks she sees the sea
where there is only liquid tar.

In a cheap,
hotel room somewhere
the cleaning woman
forgets her hairpins
lying on the floor.

Ana Pascual
Zurriaga

Sé que en otra vida fuimos,
tengo la sensación
de haberte visto antes.
Reconocería tu piel
entre miles de pieles
porque llevo tu código de barras
grabado en mi memoria.
Recorro las calles y los lugares,
sé que en cualquier momento
saltarán las alarmas.

Tengo la certeza
de sabernos.

I know that we were together in another life,
I have the feeling
of having seen you before.
I would recognize your skin
from among thousands of skins
because I carry your barcode with me
engraved in my memory.
I walk through streets and places,
knowing that any moment
the alarms will go off.

I have the certainty
knowing each other.

Resuelve
en mi
tu cauce.
Como el delta
te recibo,
inunda
este vacío
que me surca el alma.
Deposita
la vida.
Remoja
sin reservas
esta tierra
maltratada.
Mis orillas
reclaman
la tempestad
de tu agua.

Let the course
of your river currents
culminate in me.
Like the delta
I receive you,
inundate
this emptiness
that cuts through my soul.
Deposit
life.
Soak
without reservations
this badly treated
earth.
My shores
need
the tempest
of your waters.

Derramo
mi sal
en la orilla
de tu playa.
Devuélveme
la inocencia
exenta
de miedo.
Me hundo
en un pozo
viciado
de confusiones.
Umbrosa
realidad
que ahoga
el llanto.

I pour
my salt
at the edge
of your shore.
Give me back
the innocence
free
of fear.
I sink
in a well
emptied
of confusions.
A shaded
reality it is
that drowns
the weeping.

Hay una rosa que asoma
peregrina a la vida,
unos labios infantiles
que no saben besar,
dos bóvedas estrelladas
y unas manos por estrenar.
El deseo que hilvana
la orilla de mi falda.

Verter la tinta estéril
para alcanzar profundidad.
El sueño de una noche de verano…
como dos satélites nos miramos
sin podernos alcanzar.

La vida se nos vino encima
como un alud de sueños
devolviéndonos a la realidad.

Estoy a dos minutos de ti
y no me has visto.

There is a rose that bears
like a stranger to life
infant lips
that don't know how to kiss,
two starry caves
and a pair of unused hands.
Such is the desire that knits
the edge of my skirt.

Spill the sterile ink
to reach for the depths.
The dream of a summer night…
like two satellites we look at each other
unable to reach one another.

Life came down upon us
like an avalanche in a dream
returning us to reality.

I am two minutes away from you
and you have not seen me.

HIJO

Recojo la noche,
te la ofrezco.
Abro mis puertas,
te invito a quedarte dentro.
Extiendo las nubes,
te acuesto.

Te siento y no te veo
antes de ser ya te quiero.

Enciendo las luces,
te espero.

Por fin te tengo.

Sangre mía
carne de mis adentros,
te voy dando cuerda
para que emprendas
el vuelo.

Son

I gather the night,
I offer it to you.
I open my doors,
I invite you to remain inside.
I spread out the clouds,
I put you to bed.

I feel you and I don't see you
before you even exist I already love you.

I turn on the lights,
I wait for you.

At last I have you.

My blood
flesh of my innards
I begin to wind you up
so that you may
take flight.

Ana Pascual
Zurriaga

Veo por el retrovisor
pasar mi vida.
Cada pedazo del pasado
determina mi futuro.
Recordar
es frenar el tiempo.
Me pellizco,
sé que estoy viva.
Cada verano
es más caluroso
que el anterior,
y cada Navidad
más corta,
lo tengo comprobado.
Sólo me sorprende
el otoño con sus ocres.
Llegaste
y desbarataste mi vida
con tu olor
a madera
recién talada.

I see my life pass me by
in the rearview mirror.
Every piece of the past
determines my future.
To remember
is to stop time.
I pinch myself,
I know that I'm alive.
Every summer
is hotter
than the one before,
and each Christmas
ever shorter,
I have proved it.
Only the autumn surprises me
with its dark yellows.
You arrived
and disrupted my life
with your smell
of recently cut
wood.

Me cuesta
olvidar tu rostro,
superar los derrumbes
del pasado.
Desolada realidad
que se estrella
al borde del precipicio.

Ausencia
de mis manos
hambrientas de caricias.
No me abras más heridas,
limpia
la costra de sangre
que apelmaza
mis mejillas.

Deja
que repose
en la noche
mi fatiga.

My Calling (I Invoke)

It is difficult for me
to forget your face,
to overcome the devastations
of the past.
The desolate reality
that crashes
at the precipice's edge.

The absence
of my hands
hungry for caresses.
Do not wound me anymore,
clean
the crusted blood
that has dried
upon my cheeks.

Allow
my fatigue
to rest
at night.

Podríamos
inventarnos una constelación
y acolchar el universo
para amortiguar los golpes,
gravitar indefinidamente
y dejar que el sol
apuñale nuestra ventana.
Podríamos
esperar la primavera,
cubrir todo este vacío
con confeti de colores,
como si fuera un milagro.

El milagro carnal
de la vida.

We could
invent a constellation for ourselves
and cushion the universe
to soften the blows,
drift indefinitely
and allow the sun
to stab our window.
We could
wait till spring,
cover all this emptiness
with the colors of confetti,
as though it were a miracle.

The carnal miracle
of life.

Recordar
es frenar el tiempo,
vaciar la rutina
del trance amargo del inverno.

Vértigo tengo
de un futuro incierto,
de toda esta penumbra
que me va envolviendo.

Mensajera del cambio,
me rindo al fuego de tus ojos
que amenaza mi deshielo.

Ninfa del agua
esencia de los vientos.

Dime
si podré
seguir tu vuelo.

DRAGONFLY

To remember
is to stop time,
vacate the routine
of the bitter tribulations of winter.

I have the vertigo
of an uncertain future,
of all this gloom
that is enveloping me.

Messenger of change,
I surrender to the fire in your eyes
that threatens my thawing.

Water nymph
essence of the winds.

Tell me
if I'll be able
to follow your flight.

Llegará un día
en que mi intuición
golpeará tu puerta
y seremos los únicos habitantes
de aquella habitación
con vistas al mar,
mientras el mundo se agota,
se dispara en confetis
y se convierte en carnaval.
El deseo se acolchará de hierba
y entre miles de tréboles
me descubrirás.

Seré el principio de tu enigma,
de todos los días
que nos quedan…
por vivir.

The day will come
when my intuition
will knock on your door
and we'll be the only inhabitants
of that far away room
with ocean views,
while the world comes to an end,
shoots off its confetti
and becomes a carnival.
Desire will pad itself with grass
and among the thousands of clovers
you will discover me.

I will be the beginning of your enigma
of all the days
we have yet
to live.

Mañana me buscarás
aleatoria por el universo.
Me ofreciste la luna
que yo supe descifrar
como paloma mensajera
en las líneas de tus manos.
Alcanzo solidez
como una gota de cera
que cae en mitad del océano,
y floto oferente
en este tránsito
de materia alterada
esperando tu colisión.

Saber que se puede querer
sin articular palabra.

Tomorrow you will look for me
wandering randomly in the universe.
You offered me the moon
that I was able to decipher
like a messenger pigeon
in the lines of your hands.
I achieve solidity
like a drop of wax
that falls in the middle of the ocean
and I float as an offering
in this transit
of altered matter
awaiting your collision.

To know that one can love
without uttering a word.

En cada línea fronteriza
de nuestras vidas
hay un atisbo de luz,
que marcará
el momento exacto de sabernos.

En un mismo punto
convergen dos luciérnagas
que habitan el universo.

Tal vez fuimos
en alguna otra vida.

Tal vez ignoramos
la razón por la cual,
permanecemos atados
por un hilo imaginario
sin vernos.

MEMORY

In each borderline
of our lives
there is a glimmer of light,
that will mark
the exact moment of when we met.

At one and the same point
two fireflies converge
that inhabit the universe.

Perhaps we existed
in some other life.

Perhaps we ignore
the reason for which
we remain united
by an imaginary thread
without seeing each other.

Nos bebimos el vino de ayer.
Prolongar aquella tarde
sería estirar el tiempo.
Abriste la ventana de par en par
y el viento empujó
nuestros besos hacia adentro.
Me volví tinta
y tú me convertiste en verso.
Me llevé por delante tu invierno
y crecieron violetas
en tus dedos.

We drank yesterday's wine.
To prolong that evening
would be to stretch out time.
You completely opened the window
and the wind drove
our kisses back inside.
I became ink
and you turned me into a poem.
I took away your winter
and violets grew

in your fingers.

BOBAL
ESTENAS
UTIEL REQUENA

Ana Pascual
Zurriaga

Sospecho
que todo se ha perdido,
que este espacio gris
se ha colado en la garganta.
Me diste en la diana,
sobreviví a tus pupilas ciegas
como el torrente fértil
que socava la montaña.
Convertí tus desiertos en poemas,
me inundé de tu azul
y me crecieron palabras.
Lancé a las nubes besos
y me cayeron espadas.

Sospecho
que no supimos
plantar cara
al sol de la mañana.

I suspect
that everything has been lost,
that this gray space
has snuck into my throat.
You hit my bullseye,
I survived your blind pupils,
like the fertile torrent
that excavates the mountain.
I turned your deserts into poems,
I engulfed myself in your blue
and words grew in me.
I hurled kisses to the clouds
and swords fell upon me.

I suspect
we didn't know
how to face
the morning sun.

SoY

A veces,
sólo soy una sombra
que desde el tejado otea,
como la veleta
domada por el viento
en su eterna vigilia.

Otras veces,
soy sólida como la piedra,
dispuesta a recibir
los embates de las olas.

Me armo y me desarmo
como un castillo de naipes
en esta interminable búsqueda
de futuros cimientos.

Me alzo en rebeldía,
buscando la razón
que nos aliente
a edificar la vida.

I AM

Sometimes
I'm only a shadow
that looks down from a rooftop,
like the weathervane
tamed by the wind
in its eternal vigil.

At other times
I am solid like a stone,
ready to receive
the beating of the winds.

I assemble and disassemble myself
like a castle made of cards
in this unending search
for future foundations.

I rise up in rebellion,
looking for a reason
that will inspire us
to build a life.

VACÍO

Siento
que me estoy extraviando,
en este hervidero
de profunda agitación.

Lentamente me desplazo
entre corrientes.
Escucho palabras
cargadas de polución.

Anhelo
la calma infinita de la nieve,
su frío mordaz,
su paz,
su muerte.

Puedo escuchar
su silencio inerte

Emptiness

I feel
that I'm getting lost
in this swarm
of profound agitation.

I slowly move about
among the currents.
I hear words
full of pollution.

I yearn for
the infinite calm of snow,
its biting cold
its peace,
its death.

I can hear
its inert silence.

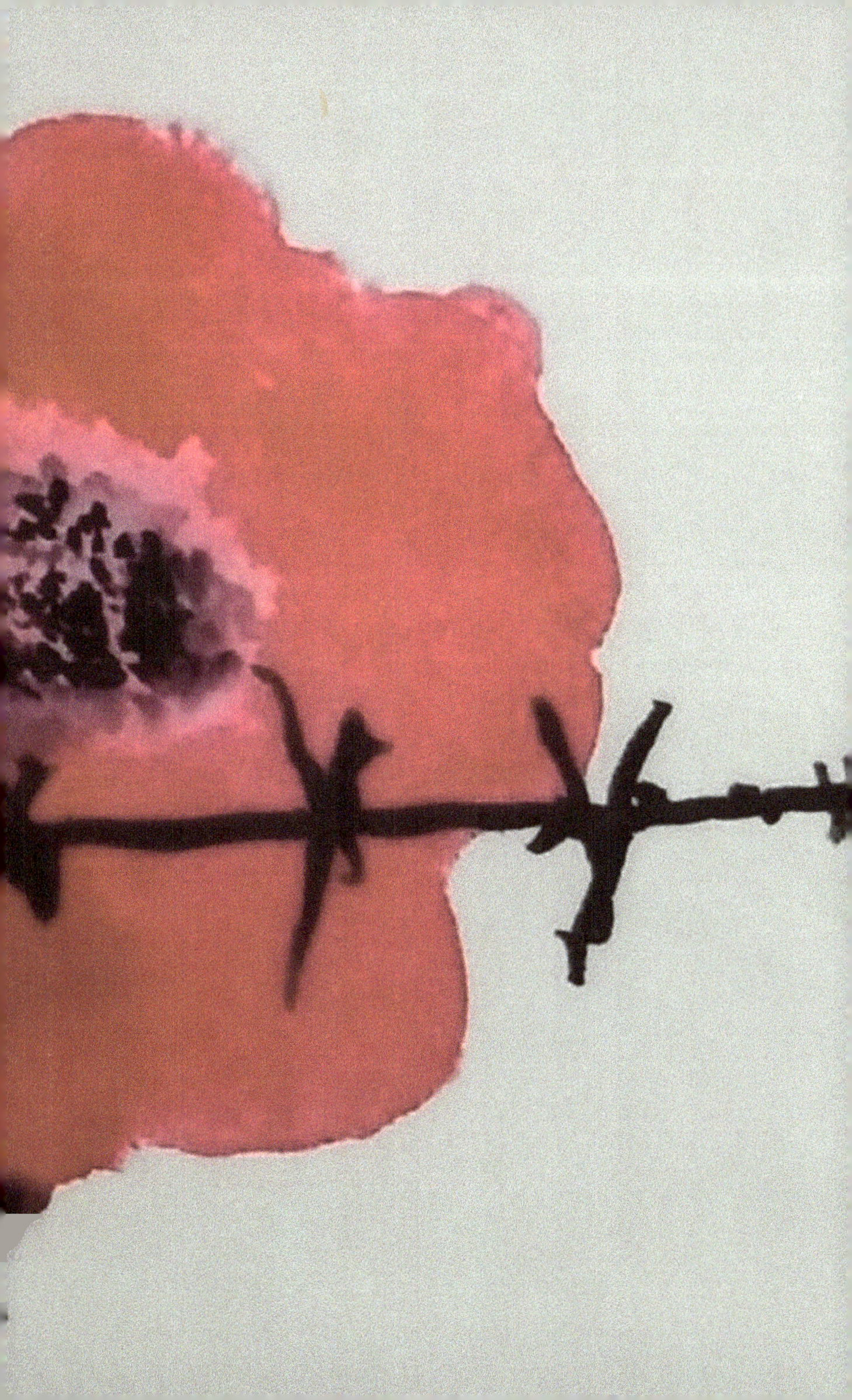

Tender un puente,
aproximar mi mano
ahora que conozco tus espinas.
Acotar el campo de maniobras
para vivir el descubrimiento de tu cuerpo.
Cambiar el argumento de la obra
y poner a macerar los sentimientos.
Ver el horizonte perfecto,
acurrucándome en tu paisaje
alimentándonos de besos.

To bridge the distance
I bring my hand closer
now that I know your thorns.
To delimit the field of maneuvers
to live the discovery of your body.
To change the story line
and marinate the feelings.
To see the horizon as perfect,
snuggling in your landscape
nourishing ourselves with kisses.

No seré
tu rosa de los vientos,
la que ponga rumbo a tu vida.
Ni tu alfa
ni tu omega.

Seré
tu tierra prometida,
la que detenga tu huida.

Albergaré tus silencios
sanaré tus heridas.

No seré
tu rosa de los vientos.

YOU AND I

I will not be
your rose, the one to move the winds,
the one to guide your life.
Neither your alpha
nor your omega.

I will be
your promised land
the one to halt your flight.

I will shelter your silences
heal your wounds.

I will not be
your rose, the one to move the winds.

A Pascual

Ana Pascual
Zurriaga

SOBRE LA AUTORA

Ana Pascual Zurriaga, poeta y artísta plástica se graduó en la Escuela Superior de Arte y Diseño de Valencia. Ella ha participado en varias antologías de poesía; entre ellas, en *Grito de mujer* (2015, 2016, 2017); fue seleccionada por la editorial Diversidad Literaria para las siguientes antologías, *Luz de luna* (2015, 2016) *Pluma, tinta y papel* (2015); *Ella, la igualdad* (Ayuntamiento de Valladolid, 2019) y *Entre sílabas anda el juego* (2021); Fue ilustradora de la novela histórica *Udula, el camino de la sal* de J. Ramón Rivera (Círculo Rojo, 2017). Y por último pero de igual importancia, Ana Pascual Zurriaga fue ganadora del primer premio de cerámica decorada en el 43° Certamen de Artes Plásticas de Nuevo Centro, Valencia, España.

ABOUT THE AUTHOR

Ana Pascual Zurriaga, poet and visual artist graduated from the School of Art and Design of Valencia. She has appeared in various poetry anthologies; in *Grito de mujer* [Woman's Shout] among them (2015, 2016, 2017); her work was selected by publisher Diversidad Literaria for the following anthologies, *Luz de luna* (2019; Moon Light), *Pluma, tinta y papel* (2015; Pen, Ink, and Paper), *Ella, la igualdad* (2019; She, The Equality), published by the City Council of Valladolid, and *Entre sílabas anda el juego* (2019; The Game is in Between the Syllables). She was the illustrator of the historical novel *Udula, el camino de la sal* by J. Ramón Rivera (Círculo Rojo, 2017). And lastly but not least, Ana Pascual Zurriaga was awarded first price in decorated ceramic at the 43rd Annual Competition in Plastics Arts of Nuevo Centro, in Valencia, Spain.

Cover art

IMPRESSION (Print)

This work was born from the need I felt to capture the very moment when something is put in the oven. I imagined what it is that occurs inside of an oven or a pan that escapes our vision. There is a very close connection between cooking food and baking ceramic; in both cases matter is transformed through fire, and both share the same working utensils.

The materials I used were red acrylic paint, paper, and black ink. I soaked an old kitchen cloth with the paint and the black ink, which I then placed upside down over the paper, and with a wooden roller I made the print. And just as it happens inside an oven, the element of surprise was key, for when I removed the cloth I was able to really see the result of the "pastry" or in this case the painting.

La obra en la portada

IMPRESIÓN

De la necesidad que siento por plasmar el momento de la cocción, nace esta obra. Imaginé lo que ocurre en el interior de un horno o de una olla y que no podemos ver. Entre la cocina y la cerámica hay una estrecha conexión, las dos transforman la materia prima a través del fuego y ambas comparten utensilios de trabajo.

Los materiales que utilicé fueron pintura acrílica roja sobre papel y tinta negra con la que impregné un viejo paño de cocina que posteriormente coloqué del revés sobre el papel y con un rodillo de madera, realicé la impresión. Al igual que ocurre en el interior del horno, el elemento sorpresa fue decisivo, cuando despegué el paño pude ver realmente el resultado del "hojaldre" en este caso la pintura.   —Ana Pascual Zurriaga

Images/Imágenes